EXTRAIT

DU PROCÈS-VERBAL,

CONCERNANT

LES VOLONTAIRES DE LA BAZOCHE.

ASSEMBLÉE GÉNÉRALE
DES REPRÉSENTANS
DE LA COMMUNE
DE PARIS.

EXTRAIT du Procès - Verbal.
des 16 & 17 Juin 1790.

UNE députation de MM. les Volontaires de la Bazoche, a été introduite ; & l'un de MM. les Députés a prononcé le discours suivant :

MESSIEURS,

« Vous avez connu notre zèle dans des temps moins heureux ; le terme de nos travaux sembloit marqué par celui des malheurs publics. Maintenant que vous avez recouvré la tranquillité & la paix ; maintenant que les Pères de la Nation jugent notre incorporation parmi vous,

A

utile au maintien de votre liberté, nous conſervons encore la même ardeur pour le ſervice de la Patrie. Incapables de laiſſer réfroidir ce ſaint zèle, nous allons, conformément au Décret de l'Aſſemblée-Nationale, le ſignaler, s'il eſt poſſible, au milieu de ces braves Citoyens, qui nous ont toujours ſervi de modéles ; &, pour vous donner, ainſi qu'à la Nation entière, une preuve convaincante de notre ſoumiſſion, nous viendrons demain, ſous votre bon plaiſir, dépoſer au milieu de vous ces armes qui nous furent ſi précieuſes, quand vos ennemis étoient encore à craindre, & qui ne nous ſervent plus à préſent qu'à les maintenir dans les bornes étroites du devoir que votre ſageſſe leur a preſcrites ».

Enſuite M. le Député a fait lecture de l'Arrêté de la Bazoche.

EXTRAIT des Regiſtres de la Bazoche, du 16 Juin 1790.

« La Bazoche, lecture priſe du Décret de l'Aſſemblée-Nationale du 12 Juin préſent mois, & voulant donner une preuve de ſon reſpect pour les Décrets de cette auguſte Aſſemblée, & de ſon empreſſement à les exécuter, arrête unanimement que MM. Pirault des Chaumes,

Paris, Kerfel & Larmeroux fe tranfpor-
teront à l'inftant auprès de MM. les Re-
préfentans de la Commune de Paris, à
l'effet de les prévenir que, conformément
à ce Décret, une députation en corps, ira
demain, fix heures de relevée, dépofer fes
groffes armes à l'Hôtel-de-Ville, & fes
drapeaux à l'Eglife de Notre-Dame; les
priant de feconder fes intentions ».

Collationné, *Delarbre*, Capitaine-Secr.

M. le Préfident a répondu à MM. de la
Bazoche :

« L'Affemblée générale des Repréfen-
tans de la Commune, témoin des actes
multipliés de patriotifme, qui ont diftin-
gué votre Compagnie depuis le commen-
cement de la Révolution, ne perdra jamais
le fouvenir des fervices importans que vous
avez rendus à la Commune. Votre courage & votre activité vous ont acquis des
droits immortels à fa reconnoiffance.
Vous aviez pris les armes pour la défenfe
de la Liberté; vous allez les dépofer par
obéiffance à la Loi; c'eft prouver que vous
favez être à la fois bons citoyens & braves
guerriers.

» L'Affemblée vous invite d'affifter à
fa Séance ».

L'Affemblée a accueilli avec plaifir la
réfolution de MM. de la Bazoche, &

a arrêté que l'hommage de leurs armes
feroit reçu demain, à fept heures du foir,
& que M. le Préfident en préviendroit
M. le Commandant-Général.

Et pour donner à MM. de la Bazoche
un témoignage authentique de fa fatisfa-
ction, l'Affemblée a arrêté à l'unanimité,
que leur difcours & leur arrêté, avec la
réponfe de M. le Préfident feroient dans
fon Procès-verbal, & imprimés feparé-
ment.

EXTRAIT du Procès-Verbal,
du 17 Juin 1790.

L A Compagnie de MM. de la Bazoche
qui, la veille, étoient venus demander la
permiffion de dépofer leurs armes dans
l'Affemblée, & leur drapeau à Notre-
Dame, conformément au Décret de l'Affemblée-Nationale, s'eft préfentée, & là,
en préfence de M. le Commandant-Général, qui, à fon arrivée, a reçu les témoi-
gnages les plus vifs & les plus flatteurs du
plaifir qu'on reffent toujours à le voir, ils
ont fait l'hommage de leurs armes dans
les termes fuivans :

M E S S I E U R S ,

« Pénétrés de foumiffion pour les Décrets
de l'augufte Affemblée-Nationale, nous

venons ici donner à nos concitoyens les
dernières preuves de patriotisme qui nous
a toujous animés. Comme si les illustres
Députés qui la composent eussent lu dans
nos cœurs, ils ont voulu que tous les
Citoyens, frères entr'eux, ne pussent se
distinguer que par leur zèle pour la chose
commune & par leurs vertus. Nous obéis-
sons avec transport à cette loi de la Sagesse.
Nous abjurons cet Uniforme si souvent
mouillé de nos sueurs; & l'Uniforme na-
tional, si noble à nos yeux, sera désormais
le seul avec lequel nous continuerons à
marcher au milieu de vous. Ces armes,
qui, tournées contre vous, sembloient
devoir vomir sur les bons Citoyens la
destruction & la mort : ces armes, que
notre zèle patriotique a fait servir à un
plus noble usage, nous vous les remet-
tons.

»A Rome, les dépouilles de l'ennemi
étoient offertes aux Dieux de la Répu-
blique : ici, c'est à ses Protecteurs que le
devoir & la reconnoissance nous disent d'en
faire hommage. Cet étendard respectable,
qui, sous Philippe-le-Bel, Charles VII,
Henri II, nous conduisit à la victoire;
que les journées des 14, 17 Juillet & 6
Octobre ont encore rendu plus précieux
pour nous, nous allons le consacrer au

Dieu qui l'a béni , & qui nous donna le courage de le conferver.

» Si, quand notre âme a franchi les bornes du féjour des mortels, il nous eſt poſſible encore de nous occuper des choſes d'ici-bas: ſi les actions des hommes peuvent nous intéreſſer ; ô toi qui nous inſtituas , Philippe-le-Bel , daigne voir avec plaiſir ſe conſommer ce ſacrifice utile à la Patrie. Quad ces drapeaux feront devant ton image, puiſſes-tu t'applaudir d'avoir formé un Corps qui n'eut jamais d'autre paſſion que l'amour de la Patrie, l'attachement à ſes loix, & le reſpect pour ſon Souverain.

» Perſonne mieux que nous, Meſſieurs, n'a été à même d'apprécier vos ſoins : perſonne , peut-être auſſi, n'a été comme nous l'objet de vos complaiſances & de vos bontés. Daignez recevoir nos rémercîmens ; l'enthouſiaſme de la reconnoiſſance les inſpire à des jeunes cœurs, qui auront toujours pour vous le reſpect qui vous eſt du, & qui, ſous les drapeaux nationaux conſerveront à jamais pour un Général , plus eſtimable par ſes vertus morales, que par ſes qualités ſupérieures qui l'ont élevé au rang honorable où nous le voyons briller , la vénération , l'attachement & la déférence qu'on doit à la ſageſſe, quand c'eſt le vrai mérite qui la fait valoir ».

Ce Difcours a été entendu avec le plus grand plaifir, & M. le Préfident a répondu.

MESSIEURS,

« Généreux défenfeurs de la Liberté, vos bras fe font armés pour le falut de la patrie. La Cité en péril, appelloit à elle tous fes enfans : en vous confondant avec eux pour voler à fon fecours, vous avez mérité de devenir fes enfans adoptifs.

» Que de pénibles travaux, que de courageux efforts ont confacré cette glorieufe adoption ! intrépides dans le danger, infatigables au milieu des obftacles fans ceffe renaiffans, vos forces réunies à celles de nos autres frères, ont fu triompher d'une fatale deftinée qui menaçoit & fembloit préfager la ruine de cette immenfe Capitale.

» Jeunes Citoyens, il eft beau, dans un âge encore tendre, d'avoir moiffonné les lauriers de la Victoire ; il eft glorieux d'en recueillir les fruits aux acclamations réitérées d'un peuple reconnoiffant ; il eft honorable d'en recevoir le prix fous les yeux d'un Héros citoyen, nourri fous un autre hémifphère à l'école de la liberté, & jufte appréciateur des vertus guerrières, dont il eft le plus parfait modéle.

» Après avoir fu vaincre, vous favez

également obéir. Fidéles à vos fermens, foumis à l'empire de la loi, vous venez aujourd'hui remettre entre nos mains ces armes victorieufes, ces étendards de la liberté Nous en recevons le dépôt précieux en figne de l'union étroite qui lie tous les François à la même famille. Que ces trophées honorables, monumens immortels de vos fervices & de votre valeur, foient auffi le gage éternel d'une paix inaltérable !

» Ralliés défermais avec nous fous les mêmes drapeaux, foldats & citoyens tout à la fois, continuez à fervir la Patrie de votre bras, mais travaillez en même tems à mériter de la fervir un jour de vos confeils. Paifible par la réunion de nos forces, la France deviendra bientôt heureufe par les lumières réunies, & les fages décrets de fes nouveaux Légiflateurs ».

M. le Commandant-Général a enfuite pris la parole, & a dit « que la Garde-Nationale, qu'il avoit l'honneur de commander, regardoit comme un devoir d'accompagner MM. de la Bazoche à Notre-Dame, ainfi qu'elle l'avoit fait à l'Hôtel-de-Ville ». Il a affûré ces MM., au nom de toute la Garde-Nationale que, quoique divifés par l'uniforme, ils ne l'avoient jamais été par le cœur ; qu'elle fe feroit un véritable honneur de les voir s'incorporer avec elle ; & il a ajouté que des braves Soldats, qui s'étoient aussi bien montrés dans les occasions les plus périlleuses, ne pouvoient qu'être accueillis avec le plus vif empressement par les compagnies dans lesquelles ils désiroient entrer. Tout ce qu'il y avoit de Gardes-Nationales dans la salle, Officiers & Soldats, (& ils étoient en grand nombre) ont, en signe d'approbation, applaudi à ce discours du Général avec transport. M. le Commandant général est sorti sur le champ pour aller donner les ordres nécessaires.

Un honorable Membre a alors demandé que les noms des braves Volontaires de la Bazoche, qui avoient si bien mérité de la Commune, fussent inscrits dans le Procès-verbal de ce jour; cette motion a été adoptée unanimement. Il a ensuite demandé, au nom de MM. de la Bazoche, que M. le Chancelier de ce Corps fût autorisé à délivrer, à chacun de ceux qui ont servi, des certificats de service, revêtus en même temps, pour plus d'authenticité, de la signature de MM. de l'Etat-Major.

Un honorable Membre a proposé d'ajouter à cette motion que, pour ne point exciter de jalousie, tous les certificats seront conçus dans les mêmes termes; cet amendement ayant été adopté, au nom de MM. de la Bazoche par l'auteur de la motion, elle a été mife aux voix avec l'amendement & adoptée unanimement.

L'Affemblée ne doutant point que, fur fon invitation, MM. de l'Etat-Major ne s'empreffent de donner cette marque de bienveillance aux Volontaires de la Bazoche, dont ils ont fi fréquemment fait l'éloge, il a été unanimement arrêté qu'indépendament de la mention honorable dans le Procès-verbal de MM. de la Bazoche, tout ce qui eft relatif à cette affaire fera imprimé à part, & qu'un exemplaire en fera diftribué à chacun de MM. de la Bazoche, pour leur fervir de marque éternelle de la gratitude de la Commune de Paris envers eux.

Enfin l'Affemblée a nommé une députation de douze Membres, pour accompagner à Notre-Dame MM. de la Bazoche, & être préfente au dépôt de leurs drapeaux.

La députation qui avoit accompagné, à Notre-Dame, MM. de la Bazoche, étant rentrée, M. Michel, Préfident de cette députation, a rendu compte à l'Affemblée de ce qui s'eft paffé à cette cérémonie; il a dit qu'en partant de l'Hôtel-de-Ville, MM. de la Bazoche ont été accompagnés par MM. de la Garde-Nationale; qu'arrivés à la Cathédrale, ils y ont trouvé le bataillon du Diſtrict de Notre - Dame ſous les armes ; que M. le Commandant-Général & l'Officiant les y attendoient ; qu'en préſentant les drapeaux, M. le Préſident a dit :

« MONSIEUR,

» Les Volontaires de la Bazoche qui, depuis pluſieurs ſiécles, combattent pour la liberté, viennent dépoſer dans ce Temple l'étendard ſous lequel ils avoient ſervi juſqu'à ce jour ; auſſi ſoumis à la loi que braves dans les combats, ils ſerviront dorénavant, confondus avec leurs frères d'armes de la Garde-Pariſienne, conformément au décret de l'Aſſemblée-Nationale ».

Que le Commandant de la Bazoche a fait auſſi à l'Officiant un diſcours en ces termes :

« MONSIEUR,

» La Bazoche, empreſſée de manifeſter ſa ſoumiſſion aux loix & ſon zèle pour le maintien de la Conſtitution, décrétée par l'Aſſemblée-Nationale & acceptée par le Roi ; Conſtitution qui doit faire le bonheur de tous les François, vient vous préſenter ſes drapeaux, & vous prier de les faire suspendre à la voûte de l'Eglise Métropolitaine. Philippe-le-Bel fut le fondateur de la Bazoche ; nos drapeaux ombrageront son image ; & nous-nous félicitons de cette circonstance heureuse ».

Que M. l'Officiant a répondu en général, qu'il reçevoit avec plus de plaisir des drapeaux consacrés à l'union & à la paix, que des drapeaux souillés de sang humain ; M. le Président a ajouté que, conformément aux vœux manifestés par MM. de la Bazoche, il leur a promis que leur drapeau seroit placé au-dessus de Philippe-le-Bel, leur fondateur ; qu'enfin la cérémonie terminée, MM. de la Bazoche se sont confondus dans les rangs de la Garde-Nationale, qui les a reçus avec une effusion de cœur inexprimable, & leur a témoigné, en les embrassant, toute la joie que leur causoit la réunion d'aussi braves Camarades.

On s'est après cela réuni en marche pour l'Hôtel-de-Ville ; mais M. le Commandant-Général, que ses affaires appelloient ailleurs, en a fait part à MM. les Députés, avec son honnêteté ordinaire, en leur ajoutant, cependant, que, s'ils croyoient sa présence nécessaire, il retourneroit avec eux à la Ville ; mais, sachant combien ses momens sont précieux, ils

l'ont inſtament prié de ne point ſe der-
ranger de ſes affaires , & ſont revenus,
accompagnés comme en allant.

Le lendemain 18 , les drapeaux ont en
effet été appendus aux voûtes de Notre-
Dame, conformément aux deſirs de MM.
de la Bazoche , comme cela eſt prouvé
par le Procès-verbal du Diſtrict de Notre-
Dame de ce jour, envoyé à la Commune,
& ſigné du Préſident & du Secrétaire de
ce Diſtrict.

Signé, B R I É R E, *Préſident.*

QUATREMÉRE,
MÉNESSIER,
PELLETIER,
CASTILLON,
DEMARS,
} *Secrétaires.*

CONTROLE *général des Volontaires de la* BAZOCHE *, faisant le service au 17 Juin 1790.*

ÉTAT-MAJOR.

Pillet, Colonel.
Cartault, Lieutenant-Colonel.
Laurent, Major-Général-Commandant.
Bonnellet, Aide-Major.
Pommageot, Sous-Aide-Major.
Ratel, premier Adjudant.
Brun, deuxiéme Adjudant.
Lhuillier, Commiſſaire des Guerres.
Labourez, Maréchal-des-Logis.
Camiat, Quartier-Maître-Adjoint.
Dumas, premier Secrétaire.
Benout, Secrétaire-Adjoint.

Drapeaux.

Froidure, Commandant la Garde des Drapeaux.
Farmont, premier porte-Drapeau.
Millot, deuxiéme porte-Drapeau.

Gardes-Drapeaux.

Lopin, Gillet, Tripier, Soules, Griveau.

Capitaines d'honneur.

Louault de Chaumes.
Dupeyrat,
Dumont Rochemure.
Vidal,
Dufour,
Laſſée,
Moillet,
Hurault.
Baſchet, Inſpecteur de la Garde.
Agier, Aumônier.
De la Joncière, Chirurgien-Major.
Doy, Chirurgien-Aide-Major.

Officiers Honoraires.

Henry , Colonel.
Thaureau , Lieut.-Colonel.
Berthon , Thréforier.
Menu , Capitaine.
Régley , Secrétaire.
Rivage , Capitaine.
Arrault.

Première Compagnie.

Chevreau , Capitaine.
Cholois , Capit. en fecond,
Chalopin , Lieutenant.
Lenoir , Sous-Lieutenant.
Marchand , Sergent-Major.
Chapperon , 1er Sergent.
Joly , 2me Sergent.
Kerfes , 3me Sergent.
Albert , 4me Sergent.

Volontaires.

Le Fol ,
Simon ,
Gervais de France ,
Meuzy ,
Dugrofley ,
Denefde ,
De Mongeot ,
Varlet ,
Chépy ,
Le Drut ,
Durlet ,
Camus ,
Petit ,
Gomot ,
Pirrault ,
Delamotte ,
Perrin ,
Le Sueur ,
Pierret ,
Le Roy ,
François ,
Bondat ,
Heuvrard ,
Petitjean ,

Seconde Compagnie.

Delabre , Capitaine.
Dolainville , Capitaine en 2d , Lieutenant.
Goupy , Sous-Lieutenant.
Balthazard , Sergent-Major.
Larmeroux , 1er Sergent.
Dorez , 2me Sergent.
Huguin , 3me Sergent.
Arnoult , 4me Sergent.

Volontaires.

Chanterenne ,
Augeraud ,
Sorin ,
Damour ,
Pertuifet ,
Penfet ,
Léger ,
Giraud ,

Robert,	Jeanreau,
Lelong,	Pigoreau,
Carteron, cadet.	Dupleſſis,
Daumont,	Pelletier,
Le Brun,	Beaudouin,
Barré,	Brindavoine.
David,	Lempereur.

Troiſiéme Compagni

Moreau, l'aîné, Capitaine.	Monvoiſon, 1er Sergent.
Gaillon, Capitaine en 2d.	Le Dreux, 2me Sergent.
Moreau, le jeune, Lieut.	Jobelin, le jeune, 3e Sergent.
Bijot, le jeune, Sous-Lieut.	. . . . . . , 4e Sergent.
Bernardin, Sergent-Major.	

Volontaires.

Roullet,	Lallemand,
Palu de Sourdé,	Morand,
Michellet,	Minier,
Perrault,	Dumont,
Béville,	Grinot,
Eſchard,	Marechal,
Thiébaud,	Andrieux,
Jeannieau,	Collet de S.-Cyr,
Beauvre Duparcq,	Chevalier,
Dubray,	Tiffenos,
Le Roux,	Gueſde.

Quatriéme Compagnie.

Pachaut, Capitaine.	. . . . . . 1er Sergent.
Albert Léribaud, Cáp. en 2d	Lamontillerie, 2me Sergent.
. . . . . . Lieutenant.	Le Roy Delamotte, 3e Serg.
Laurent, Sous-Lieutenant.	Delavaux, 4me Sergent.
Bartholomé, Sergent-Major.	

Volontaires.

Beſtell,	Darricourt,
Cayrol,	Guillaumot,
Dorival,	Leroux,
Daret,	Némond,
	Régley,

Régley,	Vallet,
Vincent,	Jodon,
Fourmond,	Bonneau,
Méniffier,	Doubledent.
Gainel,	Yvernault,
Mimier,	Lautenois,

Cinquiéme Compagnie.

Coutard, Capitaine.	Aubry, 1er Sergent.
Delaunay, Lieutenant.	Lenoir, 2me Sergent.
D. . . . . Sous-Lieutenant.	Pinguet, 3me Sergent.
Vaudremer, Sergent-Major.	Le Mortier 4me Sergent.

Volontaires.

De Ville,	Beaupierre,
De Villebelle,	Brun,
Clement,	Tardivot,
Bouton,	Teftard,
Jenneville,	François,
Bafnouard,	Robin,
Pommerje,	Morizan,
Gaillot,	De Neuvillette,
Foignet,	L'Yvoir,
Réal,	Régley, le jeune,
Coudert,	Orée Daideville.

Sixiéme Compagnie.

Paris, Capitaine,	Robreget, 1er Sergent.
Lamblin, Capitaine en 2d.	. . . 2e Sergent.
Boquille, Lieutenant,	. . . 3e Sergent,
Ballet, Sous-Lieutenant.	Bauvre, 4e Sergent.
Le Febvre, Sergent-Major.	

Volontaires.

Douard,	Bonfils,
Plumard,	Courtin,
Jeannen,	Floquet,
Courtris,	Hacquart,
Crapard,	Lemoce,
Petit de Valmone,	Sergent de Brutières.

Trémeau,   Huguin,
Jeanson,   Lechun,
Alain.   Hocquet.
Prat,

Nous, Colonel & Major-général, certifions le contrôle ci-dessus véritable. Paris, ce 17 Juin 1790.

Signé, *Pillet*, Colonel ; *Laurent*, Major-général.

DÉLIVRÉ par Nous, Secrétaires de l'Assemblée-Générale des Représentans de la Commune, à M

Hôtel-de-Ville de Paris,

ce   Juillet 1790.

De l'Imprimerie de LOTTIN l'aîné, & LOTTIN de S.-Germain, Imprimeurs-Libraires Ordinaires de la Ville, rue S.-André-des-Arcs (N° 27).